JN409300

외줄 타는 어름사니

외줄 타는 어름사니

홍금자 시집

국제펜클럽한국본부

| 시인의 말 |

다시
흐르는 생의 시간 속에서
언어를 모종했다.

봄 햇살이
모든 꽃들을
아름답게 물들이듯이
한 편의 시가
내 마음을
이웃의 마음을
곱게 물들여 나가기를
기원해 본다

지난 시집 《시간, 그 어릿광대》의 해설을 써주신
김성조 평론가의 귀한 마음을 새겨 부록에 싣는다.

2018. 7.
홍금자

차례

제2부 그리움의 이름으로

제3부 선유도 엽서

제4부 너에게 보낸다

제1부
외줄 타는 어름사니

구름의 집 근처

하얗게 누워있는 눈길을 따라 오른다
오랫동안 잊었던 길, 기억의 꼭짓점
한 사람만의 너비로 걸을 수 있는
좁은 길로 오르면 그 끝에는 오리나무
몇 그루와 구름의 집이 기다리고 있다

둥근 그 집 날개 추녀 끝에는 늘 적막한
이별이 감돌고 맞은편 풍경을 지워가는
요정이 있었다

계절마다 섬처럼 풀어놓던 나무들의
색깔들 그 사이사이에 촘촘히 심어놨던
속살의 아린 이야기들
거기 아직도 떠난 지 오랜 그대의
맨발 자국이 남아있다

빈 가슴이 시린 오늘 같은 날
홀로 그리움의 강물을 열어
그 위 그대 불러 다스운 숨결
베고 누워본다

기억 상실

낯선 타국의 언어처럼
서툴게 기억을 되짚어 간다

겹겹이 쌓아 놓은 추억들
아직도 푸른빛을 띠고 있지만
도무지 불러낼 수 없는
막막한 어둠
이미 가두어 버린
대답 없는 빈 메아리
이승의 꿈이 끊어지는 소리
기억의 갈피마다
무수히 찍혀있는
화석의 발자국

어머니 비상의 젊은 날
결 고운 지난 삶의 무늬가
상실 속에 빈 집을 만들어 간다

만년설

백발을 이고 천년을 산다

요세미티의 유령 같은
화형으로 화석이 된 나무들

어느 형벌에도 더 이상의 고통은 없다
핏기 마른 몸으로
억겁을 견디는 저 도도함

이제는 지쳐 겨우 걸려있는
죽어도 죽지 못한 몸으로
세상의 것들을 마주한다

천진산맥의 설산 속 순전함
자지러지는 적막
거기서 왜 나는 죽지 못하는
나무들을 생각해 내는 것일까

구곡폭포

한겨울 이맘때쯤이면
강촌엔 흰 광목이
피륙째 펼쳐
하얗게 햇살에
표백을 시작한다

능선을 힘겹게 오르던
키 짧은 이끼들도
걸음을 멈춰
눈 시린 폭포에 갇혀
옴짝달짝을 할 수 없다

겨울 적막

창백한
가난의 어머니들이
한강 가 어느 빨래터에서
설날 채비로 옷을 빨던 풍경이
빈곤의 추억으로 고여 있는
여기 구곡폭포

두통

누가 머릿속에 못을 박는가
그녀는 두통을 달고 산다
궤도를 벗어난 행성같이
전두엽의 탈선
겨울 산의 등뼈로 솟은
머릿속 이물질
스스로의 길을 잃었다

그녀는 순리대로 사는 여자
제자리가 아니라면
나와야 한다고 달래고
타일러보기도 여러 번
그래도 요지부동이다
도무지 나올 기미가
보이지 않는다

영상이 찍히면 영혼을 잃는다는
어느 아프리카의 원주민처럼
MRA를 거부했다

생의 내면에 뜨겁게 흐르는 강물
드디어 집도의의 이마에
땀방울 뚝뚝
거룩한 제사를 집행한
수도사처럼

정갈한 가제에 덮인 두통이
슬그머니 자리를 떠난다

서둘러 봄꽃이 피기 시작한다.

봄의 주소지

내 생의 봄 주소지는 어딜까
혹여 만나본 적이 없는 것일까
기억력 쇠퇴로 찾아내지
못하는 것은 아닐까
참말로 한 번도 화창한 봄날
머무르지 않았는지도 모를 일

참으로 이상하다
신은 내 쪽으로 절반쯤
눈길 주다 다시
돌아가 버렸는지 몰라
아니 애초부터 아예 신은
생의 봄날 같은 건
가당치 않다고
허락하지 않았는지 몰라
그럼에도 난 오늘
온종일 창밖 봄을 기다리고 있다.

겨울비 내리다

겨울비
기척 없이 내려
나무들 속살을 기웃댄다

늘 공원은
다국적 사람들로
북새통이다
아이들 미끄럼틀을
가운데 두고 두레밥상
둘러앉듯 앉아

가지 못하는 고향 이야기
남의 얘기처럼 큰 소리 하다가
연변할매 갑자기
숨죽인 소리로
며칠 전 해산한 딸애의 산바라지 못한
죄책감에 눈물 질끔거린다

얼마큼 거리를 두고 앉았던
캄보디아, 러시아, 태국 며느리들의
수다가 시작된다

이국땅으로 시집온 후
잘려 나간 고향집 안부가
서러움으로 북받쳐
끝내는 어느 슬픈 공주의
그리움이 된다

기다림, 고도의 아침을
철없이 기다리는 겨울비가
이 저녁 자꾸 내린다

슬픈 여인처럼

아무도 보아 줄 사람 없는
일영 외진 산속에서
수없이 혼자 피다 진 산국

신조차 외면한
슬픈 여인처럼
마른 잎 몇 장 붙들고
산바람에 온몸 내주며
흔들리고 있다

젊은 날
발걸음 잦았던
옛 사람들도 가고
이제는 나이 들어
홀로 외로움 타는
늙은 시인의 추억만
박제로 남아 있다

에스컬레이터 위에 서 있는 사람들

출퇴근길엔 에스컬레이터에 서 있는 사람보다
층계를 건너뛰는 사람이 더 많다

인생은 늘 숨차게 달려도
종국엔 후회로 돌아가는 백치

에스컬레이터에 발을 딛고 서서
아래서 위로
위에서 아래로
상승과 하강의 교행 속에서
숱한 얼굴들을 마주하며
스쳐가는 인연의
한낱 삶을 기억한다

생의 긴 끈을 이어가듯
하루하루가 우물 속 두레박이
닿지 않을 수심처럼
반복되는 에스컬레이터의 연속

목숨은 눈물로 짜여진 그물망

도시의 꽃잎 하나 떨어져 눕는 날
누군가 제 생의 내면으로 빠져가는
블랙홀을 만난다

에스컬레이터를 타고 내리면서.

빛의 금을 긋고 간 시간들

하루해가 동에서 서으로
빛의 금을 긋고 간 시간들
손가락 몇 번 폈다 접었을까

다시 한 해
맥없이 지나간 것들에 대한
기억만으로 하릴없이
또 일 년이 지났다

이제 그 젊은 시간들
생각조차 바닥이 말랐다
박태기나무에 매달린
늙은 콩깍지 열매가
추운 바람에도
낯빛 한 번 바꾸지 않았다

겨울 내내
잠도 없다

단단한 계절의 매듭

이제 어쩔 수 없이
지나간 시간들
생의 풍경으로 남겨놓고
새해의 그림 한 폭
다시 붓의 끝
물감을 찍는다.

외줄 타는 어름사니

낮과 밤의 경계에서
또 하루가 지고 있다

등 푸른 겨울 바다 위
거칠게 몰아치는 파랑

하루라는 시간 속
가쁜 맥박으로만
초침을 돌렸던
생의 무늬

어느새
새들은 둥지를 떠났고
혼자서
외줄 타는 어름사니
덩그라니
남아 있을 뿐.

화석이 되는 시간

주말이면 으레
도시의 한복판은
땅이 꺼져 내리는
신음 소리뿐이다

언제부터일까
가슴과 가슴은
기댈 곳 없이 찢어지고
허허로운 거리는
길을 잃는다

슬픔을 헹구어 내지 못한
사람들의 행렬
생기 잃은
남루의 길엔
목마른 자뿐이다

어쩌면 우리 모두
스스로 화석이 되는 시간

봄날 오후

샛강에 발 담그고 나면
원시의 물에서
푸른 싹들이 쉴새 없이 솟는다

햇살과 햇살 사이로
숨죽여 서 있던
마른 나무들이
생명의 맥을 짚는다

저만치
받들 잎 하나
걸치지 못한
목련이
나신이 되는
봄날 오후
하얀 심장에 수줍게
연서 한 장 얹는다.

봄은 소문난 난봉꾼

수줍은 듯 얼굴 붉히며
꽃이 피었다

궁핍한 계절을 지나
저 가벼운 바람 끝 하나로
꽃봉오리 터트리는 것 좀 봐

찬란한 수식의 봄꽃 아우성

꽃마다 꽃몽울
맘껏 부풀려 놓고
여기저기 휘저으며
달아나는 햇살
햇살의 장난기

봄은 소문난 방랑자

봄꽃, 염문처럼 오다

찬바람은 여전한데
봄꽃 소식이 먼저 왔다

온기라곤 전혀 없는
신길6동 언덕배기
이따금 지나는 사람들의
발걸음 빨라지고
옷깃 여며 가슴 데우는
가벼운 염문들만
골목을 덥힌다

풍문을 따라온 사랑 하나

잔설이듯 겨울밤
생각으로 남아있다
길게 흐르지 않던 시간들
추억의 방향 쪽으로
머리를 두고 있다

겨울 산

얼어붙은 시간 그 위로
지난 계절 놓고 간
낙엽들만 푸석하게 쌓였다

하루를 꼼짝없이 앉아
맞은편 산을 바라본다
모두가 떠나간 빈산
마른 가지들만 쓸쓸히
바람에 부대끼고 있다

한생을 건너온 겨울바람
새들도 꽃들도 맑은 물소리도
비워두고 떠난 자리에
이따금 어른대는
그리움의 노래

나무와 나무 사이로
인색한 햇볕이
잠깐 다녀간 뒤로
속절없이 왔다 가는

눈보라에 몸을 내주고 있다

소의 등뼈 위에 듬성듬성
마른 털이 흔들리는 겨울 산

삶을 짓는다

삶이란 참으로 이상한 수수께끼
하루에도 몇 번이나
봄이었다가 겨울이었다가
부르지 않아도 달려와
절망 쪽으로 등을
떠밀다가 다시 돌아와
희망이란 선물을 안기기도 하는 것

삶이란 형체도
없는 것이 좌지우지
참으로 요사스러운 것
불 같은 증오였다가
마그마 같은 사랑이었다가

오늘밤같이
불꽃들의 산통이
있는 날이면
쿵 쿵
내 목에 걸린
가시에 대한 생각

밤새워 캐내지 못한 사유
생의 진실한 옷 한 벌
짓는 중

생의 첨삭

한 마리
나비의 날갯짓
이 꽃에서 저 꽃으로
옮겨 앉듯
지우고 더하고 빼기
어쩌면 지극히
자연스런 일인지도 몰라

그러나
인생의 첨삭은
피가 묻어나지

생명줄
줄였다 늘였다
수천의 이빨자국
상처로 남아
지워지지 않는
흔적 남기듯
또렷하고 분명하지

그렇지
생의 첨삭
오직 위에 계신
창조주의 영역일 뿐.

제2부

그리움의 이름으로

그리움의 이름으로

그리움의 이름으로
네 무릎 아래
고백하고 싶은
말 하나

차양 없는
모자를 쓰고
파릇한 잔디
그 위를 걸으며
네 향기 짙은
영혼 앞에
토해내지 못한
말 하나

남루의 낙서를 입고
깊어진 내 사랑
부끄러움처럼
네 이름 앞에
한 장 편지 띄운다

한파주의보

우수가 지난 지도
한참이 되었다
아직 찬바람 불고 있지만
봄은 눈앞에 와
나무들 찰랑대는
저 가벼운 리듬

어제 오후부터
때 아닌 한파가 왔다
느긋했던 생명들이
영하의 날씨에
호들갑스럽다

이 땅의
겨울 특검도
여전히 한파주의보

둔내 시인

시인이 시를
쓰지 못했다
나이 들어
부어 오른
손으로
펜을
들 수 없었다

둔내 시인은
겨울의 나무처럼
어쩔 수 없이 그냥
낮과 밤을
눈으로만 보내면서
영혼으로 시를 썼다

평생 좋아하던 구름을
창 앞으로 당겨 놓고
책장이듯 넘긴다

한 권의 시집이 끝나면
로사스의 음악을 배경으로
세월이 강물처럼 흐른다

'그대, 내 심장의 별이여!'
유언처럼 말하는
둔내 시인

너무 기다림이 길었나 보다

산길로 접어들고서도
한참 후에야 찾아낸 거기
마중하는 이 없는
눈 위에 발이 차다

대문 앞 가까이 가서야
기다리던 사람
등을 보이며 앉아 있다
얼굴 마주 보고서야
비로소 반가운 설움이다
온기 없는 손
차갑게 부어올랐다
너무 기다림이 길었나보다

귀에서 귀까지의 거리
너무 멀었나보다
공연한 헛기침 내며
젖어드는 눈가를 감춘다

살아 천년 죽어 천년을
고집하는 주목나무가
문밖에서 지키고 있지만
때마다 목숨이
새어나가는 것을
누구도 어쩌지 못한다

꿈이 되어버린 시간들
언덕진 외길을 조랑말만큼 한
자동차를 타고 뒤돌아보지 못하고
설움처럼 떠나온 목마른 날.

생의 들판에서

나를 위해
한 송이 장미를 피워다오

멈추지 않는
시간의 끝 길쯤
이정표조차 잃어
서러운 눈물로
창백한 영혼을
위로하는 밤

눈부셨던 날들
이제 남은 것
아무것도 없어
기진한 허리를
겨우 일으켜 세운다

꽃잎들 저마다 피어나지만
슬픔이 꽃술처럼 돋아
내 마음의 한 끝을 잡고
떠나지 못하고 있다

바람에 떨고 있는
어둠 깔린 생의 들판에서

덧없는 세월이란 말

강물 위에
수천의 눈이 내려도
몸 둘 곳 없는 눈처럼
흔적 없이 흐르는 세월

"덧없이 지난다"는 말
제 세포를 다 열어
생명의 뜨거운 내면으로
몰입된 연서 한 장 같은 것

한 영혼이 다른 영혼에게
날이 저물기 전
전하리라

이 세상에서
지독히 슬픈 건
누구도 막지 못하는
썰물같이 빠지는

시간이라는 것
도시 빌딩 사이로 난
어두운 골목 끝 같은 것이라고

사랑의 전언

사랑의 띠 하나 걸치고
한 사나흘로 족한
벚꽃 길을 걸으며 생각한다
지난 그 겨울
몇 번의 시린 발
몇 번의 손을 불고 난 후 지났다

지상의 햇빛
지상의 바람
이승에서 키운
꿈속에 끼워 본다

거기 반짝이는
사랑의 별 만나고 또
새로 태어난 어린 별들에게
사랑의 이름 가르치고 있었다

사랑을 입 안 가득 머금고

절정으로 치닫던 날의 기억
그대 남겨진 이름 위에
사랑이란 말 새겨 놓는다

입덧하나 봐

철 아닌 복숭아가
지독히 먹고 싶은 건
내가 하와였기
때문인가 봐

하나님 말씀 어기고
아담을 유혹해
따 먹은 선악과

여자에겐 평생
산고의 고통을 준다 하셨던가

미열의 이마를 짚어
태아의 거동을
살피는 저녁
잡히지 않는 맥
아무래도 아기는
아닌 듯싶은데
입덧은 틀림없어

목련

잎새보다 먼저 와
흰 봉오리를 짓는 사월
눈부시다

따뜻한 햇살만 있으면
어디에서나 하얀 속살로
속내까지 물들이는
너의 거룩한 순결

찬바람 눈보라 속
움츠렸던 겨우살이
한 꺼풀씩 떼어내는
가난한 어머니의
눈물 같은 순백의
영혼이여

한낮의 그림자
발등까지 내릴 쯤
멀미나는 세상에서
돌아눕는 삶도

행복할 수 있는
희디흰 너의
숨결을 듣는다.

울음 우는 밤

수만 평
갈대의 몸에서
울음의 뿌리를 찾는다

눈으로 보아선
보이지 않지만
바람만 만나면 우는
저 갈대 늪

어쩌자고
울고 싶은 나를 대신해
곡을 하는가

이 밤 호곡꾼[1]의
울음소리 깊어만 간다

---

1) 대신 울음 울어주는 사람.

일기예보

하늘이 무거울 땐 온종일
일기예보를 듣는다
금방이라도 눈이
쏟아질 듯한 하루해

출퇴근길 식솔들의 안부로
저녁을 맞는 노모의
겨울 기침소리
아파트 창마다
불이 켜질 즈음엔
현관문 소리에
귀를 댄다

하루가
열리지 않는
저녁 문만큼 더디 간다고
혼잣말로 되뇌이면서
다시 TV 앞
일기예보 듣는다

봄잠

편두통으로 잠 못 드는 밤이 깊어질수록
버릿속 생각의 동굴은 더욱 깊어진다

단잠의 허기

곡선의 골목길을 아무리 걸어도
끝나지 않는 길의 꼬리

지난밤의 염문처럼
아침 햇살이 퍼질 때쯤
노루귀만큼의 잠
생의 가장 깊은 수면의 바다

또 날은 저물어

목이 마르다
매일 TV를 통한
숱한 어둠의 소식들
언제쯤 맑은 햇살 볼 수 있을까

현기증 너머
시린 바람에 쓸려
다다른 곳
아득한 절벽

사람답게 사는 것은 무엇일까

아픈 생의 풍경들
상처 위에 다시 상처
핏물이 흥건하다

문 밖 출입조차 서럽게
쌓여가는 세월의 부피
또 날은 저물어 가는데
오로지 새살 돋을
그날을 기다리며

늦봄 눈 내리다

늦은 손님 찾아오듯
뒤늦게 내리는 봄눈

성질 급한 꽃잎들은
환한 대낮 입을 벌리고
선 채 눈을 맞는다
제대로 꽃답게
피지도 못하고
서둘러 낙화를 준비한다

게을러 늦게 핀 꽃들이
길 끝에서 신호등처럼
점멸등을 켜고 있는 중

어머니란 이름의 무게

어머니 땅은
빛의 차양에 가려진
절대의 허무 그리고 눈물

어머니가 뿌린
지상의 씨앗들은
꽃이 되고 열매가 되고
그러나 어머니는
그때부터 빈 쭉정이 되어
날마다 흙을 닮아간다

세상 저울에 단
어머니란 이름의 무게는
얼마나 될까

잴 수 없는 무한의 중량감
당신의 이름은 어머니.

봄 초입 당뇨약을 삼키다

봄이 되면서부터
잡곡밥 도시락을 들고 다녔다
102동 앞을 지나는데
생강나무 잎들이 안부를 묻는다
당뇨에는 생강이 좋다는데
곁눈으로 그 나무 훔쳐보았다

목숨을 견디는 건 약과 함께 사는 것일 게다
약 한번 먹지 않고 사는 인생 어디 있으랴

공원 벤치 약 한 봉지 끼고 지팡이 짚는
노인이 말했다
"저기 저 엉덩이 좀 봐
애는 여럿은 낳았겠지?

하루해가 기울 무렵
문득 두려움 같은 것이
앞서는 시간
당뇨약 한 알 삼켰다

길가 파아란 싹들
약 한 알 넘기지 않고도
지난밤 해산으로
지상은 온통 연록의 바다
이 봄 내 몸의 당도 안녕하겠지.

누군가의 소식이 궁금한 날

몇 마장쯤 거리에서
해 저물어 오는데
불현듯 붉은 사막의
꽃을 피우고 싶은 생각
지나친 욕심 때문일 거라고

그러나 아직도
수수꽃다리의 꽃말 같은
누군가의 소식이
궁금한 날.

인공지능 시대

인공지능 로봇에 서서히
무릎 꿇어 가는 시대 앞에서
고대와 현대 그리고 미래를
넘나드는 시곗바늘을 본다

아침햇살 배어가는 골목길 끝쯤
서럽게 몸을 부딪치며 걷는 사람들
지난밤을 아직 다 떨쳐내지 못한
약간의 핏기 배인 눈이
바쁘게 서두른다
하루의 삶을 채찍질해 대는
익숙한 조련공

목이 조이지 않도록
적당한 거리를 두고
살아있어 행복한 기쁨을
만끽하는 오정의 태양 아래
아메리카노 한 잔을 마시며

생은 끝없는 투쟁이라고
혼자 독백처럼 말문 열자
저기서 로봇이 성큼성큼 걸어온다

'인간의 목숨은 내 손안에 있소이다.'

제3부

선유도 엽서

사랑이란 말의 무게

사랑이란 말의 무게가
얼마나 가벼운 것인지
이별을 앞에 두고서야 알았다

삶에 갇혀 허우적이면서도
'사랑해, 사랑해'
숨찬 그 소리

참 마술 같은 말
'사랑'

해후

그들이 왔다
오래된 편지를 받듯
꽃무늬져 온 발걸음

삼월은 서로의
영혼을 데우기에
가장 알맞은 햇볕

지난 시간 못다 한
안부가 깊어지고
입 안 가득 고였던
언어들이 별처럼
마구 쏟아져 내린다

오랫동안 묵혀왔던 인연들
이제야 그리움의 허기가
조금씩 채워지고 있었다

서로가 서로에게
시의 문장을 먹여주고 있는
감미로운 혀끝의 해후.

대상포진 쏘다

고개를 들지 못한다
곁눈으로라도 보려고
애써 보지만 허사다
이미 점령군처럼
내 안을 침범했다

첫날
머리에 바늘이 꽂히듯
두통이 시작된다

둘째 날
102동 201호를 나서고부터
오른쪽 뺨 위로
비수가 꽂힌다
참을 수 없는 천형이다

내 안에서 소리 내지 못하고
우는 한 울음이 천길
낭떠러지로 추락한다

통증으로 주파수를 맞춘
허리가 띠를 두르듯
다시 뚜 뚜 뚜
발화점을 찾고 있다
예측불허의 대상포진 쏘다

추락 끝에서

불행에서 행복까지 한 번도
당도해 보지 못한 여자

평생 걸어간 끝 간 데 거기
벼랑 끝 거기
스올에서 더 이상
나아갈 수 없는 거기

세상에서 귀한 이름 얻어놓고
결국엔 목숨 줄
하늘에 걸어놓은 사람

참혹하게 죗값 묻는 이들 앞에서
제 살 속 울음 우는
생의 죄업 등에 진 슬픈 여자.

다시 종탑을 보다

충분히 뜨겁다
벌겋게 익은
지상의 시간 속에
몸을 담그고
비등점의 경계에서
마지막 목숨 건
관람자가 된다

겨울 추위가
봄 가까이
능선을 타고
내려설 때쯤
지극히 일었던
몸이 풀려나가고
다시 종탑을 본다

콰지모도[1]와 에스메랄다
지상에서 남은
끄트머리 시간

---

1) 노틀담의 종지기와 집시 이름.

별들도 인기척 없이
눈을 감는다

봄, 풍덩 빠지다

산수유, 생강나무
베란다 코앞에
바짝 귀 대고 피었다

현관문 나설 때마다
입술을 오물대던
꽃잎들이 어느새
얼굴을 서로 부빈다

멀리 가 찾지 않아도
후각 높이 세우지 않아도
잘 닦이지 않은 유리처럼
해가 떠 있어도
냄새 내 것이다
그 봄, 그 풍경 속으로
풍덩 빠지다

너의 이름은

4연 19행
우주를 열고
들어온 말

참 신기하다
이 혼탁한 세상
어찌 뚫고 왔을까

그토록 너를 만나기 위해
날마다 네게로 다가갔지만
세상 어디에도 너는 없고
나는 혼자 돌아오곤 했다

황량한 들판에 서서
얼마나 부질없는
절망을 했었는가

오늘밤
이름 하나 짓지 못한
이름 하나가
내 곁으로 와 귀엣말로 전한다
시라는 것, 바로 너의 생인 것을.

오래된 관계

건너편 옥탑방
하루의 노동을 뉘고
잠들 시간

불 켜는 사람
누구일까

어둠 속 고요
숱한 언어들이
내 공책을 지나갔지만
말이 되지 못한 말들
누구의 가슴에도
기록되지 못해
버려진 여인처럼
휴지통을 채운 적 있다

밤새
25시 가게들이
눈 뜨고 자는 밤

오래전 잊었던
글자들 너와의
인연 다시 생각해
더듬더듬 찾아가는
내 바깥 골목길

영등포 시장

눈 위에 다시 눈이 내린다

시장 초입엔
콜라텍 손님들 분주한데
시장 안
좌판은
추위를 탄다

생선가게 아줌마는
전기방석을 깔고
담요 속에서 목만
빠끔히 내밀고 있다

좌판 위 생선들은
스스로 밀랍이 되어
드러누워 있고
군데군데 얼어버린
길바닥 위로 비닐 지붕에서
쏟아내는 물들이
하혈처럼 내린다

한 생애를 다 돌고 온
몸집 큰 참치 한 마리
따뜻한 밥상 제단에
성스런 제물이 되기를 기다린다

한 생이 흐르다

손이 시리다
심장이 얼어간다
어디에도 기댈 곳 없어
우주 밖으로 떨어져 나간다

침묵 속의 외마디
뼈 마디마디 메아리가 된다

이미 내던져진
깨진 동이가 되어
접착되지 않는다

서로의 가슴에
못박아대며
돌아가는
물레방아의 물은
망각의 의상을 입는다

강물 위 말 없는 윤슬처럼
그냥 혼자서 한 생이 흐른다.

봄비 내리다

겨우내 묵혀 두었던
발효된 봄비

생의 한 번쯤
세상의 모든 것들에게
목숨을 건네
물길을 내주고 싶다

뜨겁게 부르고 싶은
생명마다
이름이 되는
그 신비스러움

눈 뜨고 나온 자마다
하루가 천년 같고
천년이 하루 같다는 말
전언으로 들으면서
봄비 내리는 저녁
급보처럼 생각 중

아, 슬픈 이 땅이여

고장 난 열차가
삐그덕거리며 달린다
궤도를 잃은 지 오래
온종일 햇빛 들이던
마당도 쓸쓸하다
계절 지나고
언 땅의 새들도
눈을 감는다
스올 같은 시간에
갇힌 목숨들이
하나 둘
견디는 일에 지쳐간다

스스로 생살을 찢는 동안
열강은 굶은 사자같이
광기로 달려오고 있다

허물어진 담벽 고쳐 세워야 한다

더 이상
우리들의 땅, 내 선열의 땅
비워둘 수 없다
쪼개져 갈라진 틈
두 손 걷어 올려
기필코 바로 쌓아올려야 한다

거칠어지기 시작한
신의 발자국 소리
뚜벅 뚜벅 뚜벅 가까이 들려오고 있다

느린 속도의 나이가 되다

– 100세의 황금찬 시인 –

유리창 밖
삽교리[1] 산 풍경을
혼자 바라보는,
느린 속도의 나이가 되어버린
시 한 줄

이제 젊은 기억에서
도망쳐 나온 슬픔이
외로움이 떼를 지어
맨발로 맨발로
도시의 시마을 찾아
내려온다

1) 강원도 횡성군 마을 이름.

서둔리 안부

서둔리 들어서는 길목에 서호가 있다
양 옆으로 오래된 벚나무가 줄지어
서 있고 나무다리 이따금 쪽판이 빠져
발아래 파랗게 질린 물길을 만나면
더 이상 발을 떼지 못했다

투명한 호수엔 숱한 가름 잎이 떠 있고
밥이 모자랐던 아이들이 퍼올렸던 물속 열매

지금도 안녕한가
물 떨어지는 낙차 밑에서
철모르는 아이들이 옷 벗고 헤엄치던 거기
긴 꿈을 꾸는 나이가 되어버린 지금
서둔리 유년을 채근질하고 있다

고도난청

그는 침묵하는 것이 아니다
단지 세상 소리에
문빗장 걸어 놓았을 뿐이다

지금은 외출 중
나무 빗장 하나 걸렸다

오직 안에 소리만 듣는
고고한 철학자

후미진 뒤켠에서
그동안 숱한 말 듣느라
얼마나 노곤했을까

이제
몇 생의 인연
그 소리 끊어내고
다행인 듯, 슬픔인 듯
긍정의 고개만
끄덕이면 된다

긴 잠에서
방금 깨어난 사람
꽃그늘 같은 미소로
스쳐 지나가기만 하면 된다
억겁의 시간을 말하는
예언자처럼.

흐르지 않는 시간

흐르지 않는 시간
세상 어디 있을까

몸 줄여
그런 곳 찾아
스며들어가 볼까

빈 가슴에 고이는
그리움처럼.

선유도 엽서

강이다가 바다이다가
양화대교 밑에서
윤슬로 얼굴을 가다듬는
선유도가 있다

오래전 선녀와 살던
그 남자도 떠나고
오직 바람과 별만
데불고 살아간다

가끔씩 손님처럼
다녀가는 철새들과
노을이 아름다운
해 질 녘이면
가슴 뜨거운 사람들이
뒤채는 물결 속에
노곤한 하루를 푼다

오늘밤 나는
아직도 비릿한 사랑
배어나오는 그대에게
선유도 안부를 전한다

거기 숙성된 시간이 있다

저 창백한 달빛
거기 숙성된 시간이 있다

이미 내게
충분히 목말랐고
기다림이었던
지나간 시간들

그대
내 뜨거운 추억 속에서
밤새 꿈으로 서성였다

그날 난 흰 가닥이
뾰족 잔디처럼 나온
머리에 염색을 시작했었다

젊음이란 이미
과거의 아름다움

모든 것이 시간 속에
사라질 동안
어쩌면 기억의 시간은
강물에 몸 세운
산 그림자가 된다

거구로 풍경을 만들어 내고 있다

제4부

너에게 보낸다

자귀나무 꽃 피다

당진 그녀의 창밖에서
사랑을 엿듣는 자귀나무 꽃

육칠월이면 어김없이
오랜 침묵과 기다림 끝에
밤마다 몸을 포갰다 편다

네가 와 닿는 순간
우주도 눈을 감는다

바늘 끝만큼의 틈도 없이
마침내 하나가 되는
몸과 영혼의 합일
그 어지러운 붉은 목숨
뼈와 살이 네게서 내게로
자꾸 투명해진다
생명의 합환체 의식이다

죽어서도 한 몸처럼
자귀나무가 되고 싶다는
그녀의 겁 없는 음모
오늘밤도 창문을
떠나지 못하는 자귀나무 꽃

여름비

한 소끔
끓어오르던
지구 동쪽
금세 장맛비
남쪽부터 치고
올라온다

나무가 울고
도시가 울고
하루벌이
가장이 운다

오래된
삶의 견딤이
무거운 사람들

젖은 발걸음이
산딸나무 밑에서
갈대처럼
흔들리고 있다.

겨울 엽서

지금은 눈 내리는 중

눈 위의 발자국 소리
푹 푹
삶의 여정에서 만나는
한 조각 빛나는 설레임

메마른 겨울가지
뼈 마디마디 얹히는
저 현란한 염문

추위 잊은 새들은 일제히
박수를 치며 날다

눈썹에 눈꽃을 달고
은혜교회 천사님 하늘을 본다
'사랑하라, 더 사랑하라'

고개 돌려 지나간
하루를 위해
다시는 돌아오지 못할
오늘을 위해

생의 전단지

날과 날의
간극을 건너는
삶이 힘겹다

이미 시간은 느리고
바람조차 겨울밤만큼
더디 분다

세월의 목숨
간간이 정지된 시간을
기웃거려보는
초로의 젊은 노인

느린 나이로
채 마무리되지 않은
일상의 무게

어둠 열어오는 새벽
지하철 빈자리에
고단한 생의 전단지
깊게 부려 놓는다

세종대왕 전 상서

나라 세워 천년이 지나도 글자 없는 그 가엾은
민초의 답답한 고통 어여삐 여겨 이 땅의
말의 집 지으신이시여

태초의 말씀으로 가갸거겨‥‥나냐너녀‥‥
자랑스럽게 입 열어 읽고 쓰게 하신 나랏님이시여

애당초 남의 글이란 지나가는 여우비처럼 흔적도
없이 사라진다는 것을 미리 예견하시어 세상에서
가장 아름다운 언어로 너와 나의 가슴 잇대어
살아가게 하신 이여

이제 못 갖춘 민생 위해 가장 빛나는 문자로
옷 입혀 주신 이

"한글은 모든 언어가 꿈꾸는 최고의 알파벳"[1)]
"한글은 전 세계에서 가장 단순하며
훌륭한 글자."[2)]라 칭송하는 소리 들리시지요

---

1) 영국의 문화학자 존맨의 말.
2) 미국작가 펄벅의 말.

저 이국 땅 찌아찌아족의 한글 사랑도
아시는지요. 당신께서 만드신 훈민정음이
'세계문화유산'으로 등재된 의미도
아시겠지요.

천성이 총명하고 학문을 사랑했던 성군
세종대왕
고귀한 우리말 우리글
천년의 언어로 살아 자손만대에
이 땅의 새 아침을 열어가리

신길역 근처

오전에 펼쳐 놓았던
노점상의 멋쩍은 시간들이
폐장의 장터처럼
저무는 저녁

하루 내내 웅크렸던
허리 통증조차도
저녁노을을 껴안고
남은 노동을 털며 일어선다

병아리 어미닭 찾듯
현관문 소리만 기다리는
새끼들의 까치 발목
그 위로 수척해진 해가
여의도 샛강을 막 넘어간다

아침 노래

푸른 잎 보이지 않는
마른가지 끝에
아침이면 텃새가 되어버린
까치 한 마리
지난밤의 고독한 허무를
털고 일어나
날개 훌훌 치며
언 지상에서 먹이를 찾는다

목마른 바람도 떠나고
촉촉이 젖은 입술을
가지마다 대는
까치의 순애

우울한 현실과
그늘진 시대를 살고 있는
저 젊은 영혼들을 위해
스스로의 무게로
아침노래 한 곡조 꺾는다.

이방의 풍경

계설의 비탈을 타고
힘겹게 넘는
이방의 사람들
돌이켜보면 일 년 내내
흰 눈 정수리에 얹고
살았던 기억들이
한 장의 필름에 담겨지고
오직 무거운 삶이
숙제처럼 포개져 있다

더 이상 가 닿지 않는
풍경들이 문밖에서
기웃대고 있다

마르지 않는 시간들
덩달아 젖은 채로 눕는다
오늘밤도 가족이란
이름을 베고 잠드는
갈잎 닮은 사람들.

사랑은 불순

방금 노을 지고 난
저녁답 신길역에서
지하철을 보내고
밖으로 나오는
발걸음이 무겁다

서로가 서로에게
바깥이 되고만
지극한 영토

강 따라 부는 바람과
세상 셈의 산술법

늘 셈이 먼저
얄팍한 가슴을 어루는
맨몸의 사랑아

수십 년을 허물 없이
네게로만 향했던 길
서로의 생살 속에
무늬져 흐르는 청청한 정절 그 이름
순수라 하지만 사랑은 불순

지상엔 너무 많이
미세먼지가 불고 있다.

그래도 오늘만은

천천히 정들어가는
도시의 지하 단칸방 사람들
얼룩진 그늘로 남은
하루의 끝자락쯤에서
저마다의 삶들이
허리를 눕히는 시간
지친 육신을 위로하며
서로를 쓰다듬는
곁핍의 말씀들

삶의 가치가 실종된
버거워진 생을 위해
그래도 오늘만은
잘 견디었다고
너와 나를 위한
우리들의 술잔을 들자

날이 밝으려면
아직 이른 시각
단 한 번만일지라도
이 지독한 일상의 방에서
문을 활짝 열고 달려가 보자.

일몰

검은색과 회색 그리고
진홍빛이 선명하게
펼쳐진 저녁노을

어쩌란 말이냐
나이를 짚어가는
허황의 눈빛

거기
핏빛 치맛자락에
머리를 묻는
하루하루의 고해성사가
가 나 다 라 로 새겨
일몰의 제단을 쌓는다.

바람도 머물지 못한다

자신의 성한 과실 한 번 맛보지 못한 붉은 과일 빈 상자를
어둠 속에서 거둬들이는 주름진 손등 위로 슬픔이 내린다

생의 절벽 앞에서도 몸 밖으로 나와 보지 못한 자아가
조금씩 눈 떠 늙은 세상을 바라본다

그토록 무성하게 잎을 달고 펄럭이던 푸른 시절도 지나고
이제는 낡아가는 낙엽 한 잎에 바람도 머물지 못한다
그러나 아직도 노동은 기우처럼 남아 날마다 목숨
하나씩 하나씩 지워가는 절대 운명이란 것.

윤중로의 오후

꽃봉오리 터지기
직전의 적요
그 순간만큼은
눈을 감을 수밖에 없다

신이 만드는 시간
창조의 한 모퉁이에서
멀찍이 떨어져
숨을 고른다

하루 종일
땀내 나던
교통카드가
5호선 여의도역
전철에 오른다

밤새 산통을 겪었던
꽃잎 몇 장이 날아와
빈 가슴 속에 얹힌다

어느 날
꽃봉오리 지는
윤중로의 오후

고령 대장간

고령 대장간 삼대째 잇고 있다는 주인장
먹성, 입성이 부족해서가 아니라
손이 심심하다는 남자

모루 위[1] 잔메질[2] 당한 직후
수면에 닿기 전의 그 팽팽한 긴장감
드디어 쇠에 물을 입히고
쇠에 색깔을 읽는다
벌건 쇠가 스스로 담금질 물통에서
몸을 바꾸는 허물벗기기
거기 또 다른 생명 하나

시뻘건 역청탄 속 얼마나 제 몸을 내주어야
저토록 오묘한 목숨 지닐 수 있을까

닳을지언정 꺾이지 않는 저 근성
오늘 명품 대장간이라 명명한다

1) 모루 : 쇠뭉치 큰 받침.
2) 잔메질 : 세밀작업 시 쇠를 다듬어 벼리는 일.

궁금한 저녁

공원 산책로 길 옆
작은 돌 사이사이로
햇살 마시며 일어서는 생명들

묵념하듯 고개 숙인
수양벚꽃나무 아래
물 흐르던 기억들이 살아
반질대는 자갈들을 깨운다

작년 사월쯤인가
아직은 차가운 물에
발 씻던 노숙의 이방인
건조한 생의 한 날
몇 번이고 몸 바꾸고
싶었을 우리들의 타인
지금쯤 문 밀고 들어가

한 여자의 퇴근인사
받고 있을지도 모를 일
그의 뜨거운 소식이
자꾸 궁금한 이 저녁.

너에게 보낸다

아파트 베란다
계절을 잊은
꽃 한 송이 피었다

너에게 보낸다

오늘이 어제인 양
아침 해 여전히
떠오르고
저녁놀 또한
진홍빛 치마
두른 듯 곱다

너에게 보낸다

아직도 나는
너에게서

하피첩 위에
연서를 쓰듯
사랑의 단서를
찾고 있다.

▤ 저서

시집

1. 창가에 심는 그리움의 나무(1987)
2. 너는 바다 크기로 내 안에 들어와 (1992)
3. 하늘에 걸린 정원(황금찬, 홍금자 2인 시집) (1992)
4. 너를 바라보는 것만으로도 기쁨인 날(시선, 1995)
5. 그대 따라 나서는 길(1997)
6. 목마른 나무가 되어 (2001)
7. 유년의 우물(2002)
8. 새벽 강 저쪽(시선, 2002)
9. 우수 날의 강변(2005)
10. 고삐 풀린 시간들(2005)
11. 잎새 바람(2008)
12. 지상의 노래(영역시집,2010)
13. 고도를 기다리며(일역시집,2011)
14. 언어를 모종하다(전자시선,2013)
15. 그리움의 나무로(활판시집,2014)
16. 시간, 그 어릿광대(2016)

수필, 이론서

* 어머니 찾아가기(공저) 외 다수(2000)
* 나는 누구인가(공저) 외 다수
* 문학의 풍경화(2007)
* 시낭송의 즐거움(2013)
* 시낭송 어떻게 할 것인가(2015)

가곡 시

* 천년의 그리움(김규태 곡)
* 한간 환상곡(이동훈 곡)
* 그날이여(이안삼 곡)
* 오월의 향기(이재석 곡)
* 잎새 바람(이안삼 곡)
* 상사화(이연승 곡)
* 잊지 못하는 까닭(정애련 곡)
* 푸른 봄날엔(이일찬 곡)
* 빈자리(진규영 곡)
* 선유도 이야기(김경자 곡)
* 사랑은(이안삼 곡)
* 그리움 하나(신귀복 곡)
* 한강(최현석 곡)
* 제주 풍경(최영섭 곡)
* 양원 교가(최영섭 곡)
* 사랑의 나무(임긍수 곡)
* 그 사랑 앞에서(허방자 곡)

수상

* 윤동주 문학상(1992)
* 새천년 한국문학상(2001)
* 마포구제1회문화상(2004)
* 울림예술대상(2006)
* 순수문학상대상(2009)
* 제1회전국지역신문협회 문화예술대상(2011)
* 한국기독교 문학상(2013)
* 한국문협 월간문학상(2014)
* 제1회 영등포 문학상(2017)

▤ 해설

생성의 언어와 시간의 시적 변용

–홍금자 시인의 시세계 『시간, 그 어릿광대』에서

김 성 조 (시인, 문학평론가)

| 해설 |

생성의 언어와 시간의 시적 변용
-홍금자 시인의 시세계 『시간, 그 어릿광대』에서

김 성 조
(시인, 문학평론가)

1. 사계四季를 스치는 생성의 언어

시의 길은 '기다림의 시간'이고 '침묵의 동안거'이며 '운명의 덫'이라고 시인은 말한다. 그리고 "끝이 보일 것 같지 않은 문학이 펼쳐놓은 사막의 길"은 "매달리면 매달릴수록 더 깊은 수렁과 마주해야" 하는 '멍에'가 되고 있음도 자각한다. 홍금자 시인의 이번 시집 『시간, 그 어릿광대』의 첫머리 '시인의 말'에 씌어있는 내용들은 시인의 지나온 시적 발자취를 고스란히 보여주고 있는 듯하다. 이는 시력 30여 년에 가까운 시간이 던져준 무게이면서 그 무게를 감당해야 하는 문학적 열정과 고통의 언어에 다름 아니다. 16권이라는 적지 않은 분량의 시집을 출간하게 되는 배경도 이러한 열정의 충실한 결과물이라고 할 수 있을 것이다. 시인은 "한 편의 시가 살아 누군가의 가슴에 꽃으로 피길 기대"하면서 이러한 시적 통증을 "가슴에 끌어안고 마지막 종착역까지 가야한다" 고 스스로

다짐한다. 따라서 긴 기다림의 시간과 침묵의 동안거, 사막의 길은 앞으로도 지속될 것 같다.

홍금자 시인의 시적 상상력이 생성의 기운에 더 긴밀하게 닿아있는 것도 이러한 열정과 무관하지 않을 것이다. 이는 섣불리 완성의 길로 나아가거나 혹은 소멸의 형식에 기대기보다 아직 그 과정에 있음을 강조하고 부각시키는 배경이 될 것이다. 이러한 정서적 배경은 시인의 시편에 빈번히 드러나고 있는 계절에 대한 관심과 반응을 통해 확인되고 있다. 이른바 사계四季의 움직임을 내밀하게 포착하고 관찰하면서 이를 의미적 배경으로 수용하는 상상력의 근간이 그것이다. 「가을 병」, 「초겨울 비」, 「봄밤에」, 「봄이 벚꽃을 물고 있다」, 「처서 무렵」, 「봄꽃 밭에서」, 「봄의 입질로 생기가 돈다」, 「봄이 되며는」, 「겨울 풍경」, 「단오 날 전설」, 「겨울나무」, 「사월 숲」, 「영등포의 봄」, 「봄밤에」, 「창포물 흐르는 하늘」 등 많은 시편들이 이러한 특성을 표방하고 있다. 계절을 시적 영역으로 끌어들이는 것은 개인적 취향으로 볼 수도 있지만, 한편으로 또 다른 의미의 상징을 의도하는 장치가 되기도 한다. 시간에 대한 근원적 물음과 그 대응으로서의 시적 행보, 심리적 반응 등이 이를 뒷받침한다.

생명이 봄에만 탄생하는 것이 아니라는 인식도 이러한 상상력 속에서 생성된다. 봄이 지금 막 생동하는 새싹을 길어 올리는 숨결이라면, 겨울은 이러한 숨결을 오래 어루만지고 응집하여 새로운 에너지를 생성하는 동력이 된다. “어떤

분노처럼/ 피붓기 시작하는/ 저 눈발/그 속에서 생명을/ 보듬고 있는 언 땅"(「겨울 풍경」)의 사유가 그것이다.

"늘 겨드랑이쯤에서/ 간지럼 치는 이파리처럼/ 내 생을 출렁이게"(「숲」) 하는 생명의 원천도 여기에서 발아한다. 시인의 계절에 대한 특별한 사유와 의미부여는 사물의 생성을 발견하는 하나의 지표가 된다.

이러한 사유의 저변은 "수억 년이 흐르는 동안에도/ 여전히 지켜져 온 약속 같은/ 자연법칙의 통과의례"(「겨울나무」)와 연결된다. 시인이 인식하고 있는 이러한 통과 의례적 자연현상은 보편적 이치에 닿아 있으므로 새로운 발견의 영역은 아닐 것이다. 하지만 자신만의 색채와 호흡으로 메시지를 응집해가고 있다는 점에서 새로운 화두의 일환으로 수렴할 수 있을 것이다. 시인은 시간의 흐름을 소멸의 색채로 읽어가면서도 이를 또 다른 생명성의 암시로 풀어내고자 한다.

시간의 탑이 쌓여가는 동안
지나가는 계절은 서서히
제 발자국을 지워간다
그 위로 새롭게 태어나는 생명들
바람을 맞으며 때로는
폭풍우도 견뎌내며
자신을 키워간다

늘 흔들리는 생 앞에서
그늘도 드리우고
꽃도 피워가며
서로가 서로의 어깨를 내어준 채
나이테를 늘려가는 저 나무들
문득 아버지 머리 위로
날아가는 까마귀 떼를 본다.

—「아버지의 초상」 전문

홍금자 시인의 시집 『시간, 그 어릿광대』에는 제목이 암시하듯 '시간'에 대한 사유가 정서적 배경으로 깔리고 있다. 시인에게 '시간'은 "딱히 갈 곳이 마땅치 않은/ 명퇴의 중년"(「명퇴의 하루」)을 상기시키는 풍경이 되기도 하고, "더러는 오랜만에 만난/ 친구 앞에서 눈물"(「눈물」)을 짓게 하는 감성을 던져주기도 한다. 또한 "시간은 스스로 만든/ 길 위에서 새벽을 만들고/ 나는 그저 그 길로 나오곤 한다"(「생의 자맥질」)의 깨달음과 수용의 자세를 보여주기도 한다. 위 인용시 「아버지의 초상」은 제목이 암시하듯이 '아버지'의 모습을 통해 '시간'에 대한 사유의 저변을 구체화한다. 여기서 '아버지'는 "나이테를 늘려가는 저 나무들"과 맥락 지어진다. '나무들'은 "늘 흔들리는 생 앞에서/ 그늘도 드리우고/ 꽃도 피워가며" 따뜻한 '어깨'를 내어주는 '아버지'의 모습과 겹쳐져 있다. "문득 아버지 머리 위로/ 날아가는 까마귀 떼" 속에는 '죽음' 이미지가 담겨있다. '죽음' 이미지는 "시간의 탑이 쌓여가는 동안/지나가는 계절은 서서히/ 제 발자국을 지워간다"의 영역과 연결되어 있다. '시간의 탑', '계절', 지워지는 '발자국' 등은 생과 소멸을 동시에 표상하는 배경이 되고 있기 때문이다.

"나이테를 늘려가는 저 나무들"과 '아버지의 초상'은 시간을 객관적으로 사유할 수 있게 하는 매개물이 되고 있다. 이는 시인이 읽고 있는 시간의 구체적 정황 즉, 자연법칙의 원리와 인간존재의 현재성을 명시하고 있다. 이와 함께 또 하나 간과할 수 없는 것은, 지워진 발자국 위에 "새롭게 태어나는 생명들"에 대한 인식이다. 시인은 자연적 질서가 부여하는 시간적 한계를 수용하면서도 한편으로 그 이면에 또 다른 생명의 탄생을 열어두고 있다. 즉, 관계와 관계, 생명과 생명을 단절의 영역에 두지 않고 지속적인 연결성 속에 포섭하고자 한다. 자연의 순환적 질서에 기반한 이러한 시인의 사유는 인간 보편적 존재형식을 담고 있다는 점에서 설득력이 주어진다.

따라서 시인의 '시간'은 개인적 정서의 개념으로 출발하고 있지만, "빛과 어둠의 분량은/ 동등하다"(「공평하신 하나님」)라는 원리를 충실하게 반영하고 있다. 그리고 이에 포섭되어 있는 생명성의 본질을 직시하고 숙고하는 과정으로 나아간다.

① 묵은 자리마다
연록의 잎새들

지난겨울 몇몇이
세상을 등진 비어있는
그 자리에도
여전히 푸른빛이다

다시 낯선 이방인과
새로운 젊은 목숨들이
자리를 넓혀가고 있다

–「봄밤에」 부분

② 죽었던 사람이 부활하듯
뼈마디 마다 필사적으로 놓지 못한
꽃눈들의 반란 중
몸을 버리지 못한
간절한 잎들 사이로
묵은 살을 헤집고 나온
무의식 속 숨결들
그 옆에서 가지를 타고
달빛조차 들이지 않은 밤
연분홍 잎들이 연신
젖을 빨아대고 있다

–「봄이 되며는」 전문

홍금자 시인은 '생명의 탄생', '생명의 소멸', '또다시 생명'이라는 세 개의 구도를 화두의 중심에 두고 있다. 이는 시인의 사유가 생성에 무게를 두고 있음을 증명하는 하나의 단서가 된다. 따라서 겨울 또한 소멸의 형식이 아니라 생성을 위한 긴 기다림의 시간으로 읽고 있다. 특히, 봄에 관련한 혹은 봄의 특성을 반영한 작품들이 상대적으로 많은 것도 이와 무관하지 않다. "기력이 쇠해질 때/ 비로소 멈추는 거기/ 또 하나의 생의 시발점"(「생의 계단」)이라는 인식도 여기에 닿아있다. 겨울과 봄은 그 특성상 대립적 위치에 있지만 시인은 이를 하나의 영역 속에 포섭하고 있다. "묵은 자리마다", "지난겨울" 등이 소멸의 형식을 취하고 있다면, "연록의 잎새들", "새로운 젊은 목숨들"(①)은 봄의 생동을 담고 있다. 또한 "죽었던 사람", "묵은 살"에 표상되는 과거의 시간과, "꽃눈들의 반란", "묵은 살을 헤집고 나온/무의식 속 숨결들"(②)은 생명의 탄생을 담고 있다. 즉, 겨울 이미지에 담긴 소멸의 기운을 봄의 생동감으로 전환하고 있는 것이다. 시인의 시편에 수용하고 있는 이러한 계절적 특성은 시인의 내면의식을 반영하는 가장 친근한 배경이 되고 있다.

2. 자아인식의 세계와 '낮음의 미학'

오후 2시 35분쯤
5호선 마천행 지하철

1분 전이다
역무원이 급하게 쫓아온다
숨이 턱에 찼다
"방금 어르신 교통카드 찍으셨지요?"
"네. 그런데요"
"신분증 좀 보여주세요."
주섬주섬 가방 속 지갑을 찾는다
"몇 년생이시죠?" 다그친다
드디어 신분증이 열렸다
내 속살을 들킨 것 같아
괜한 신열이 오른다
열없이 웃음이 난다, 자꾸 웃음이 샌다

스크린도어 유리창에 비친 나비 한 마리
오래된 들판을 거쳐 온
풀죽은 날개 밑에서 향긋한 풀냄새
깊숙이 갇혀있던 시간 속 한 자락 출렁한다
아직도 젊은 날의 DNA가 남아 있는 걸까
오늘은 멋쩍게 스스로에게 위안을 받는 날

시간, 그 어릿광대 외줄 위에서

―「시간, 그 어릿광대」 전문

위 시는 표제시이면서 시인의 자기 존재에 대한 강렬한 시선이 부각되고 있는 작품이다. 나와 세계(시간)에 대한 인식이 지하철 '교통카드'를 매개로 펼쳐지고 있다. '어르신 교통 카드'와 역무원의 등장, 그리고 시인 자신이 에피소드의 구성원이 된다. 내용은, 역무원이 달려와 방금 '어르신 교통카드'를 사용했는데 본인 것이 맞느냐면서 신분증을 보여 달라고 다그치는 장면으로부터 시작된다. 이야기의 맥락상 '어르신 교통카드'를 사용하기에는 젊은 시인의 모습이 오해를 불러일으키고 있는 것 같다. 시인은 "아직도 젊은 날의 DNA가 남아있는 걸까" 스스로를 위로하기도 하지만 당혹한 상황을 수습하기는 어렵다. '어르신 교통카드'는 시인의 현실적 연륜을 체감하게 하는 상징물이 된다. 따라서 밖으로부터의 시간과 내 안의 시간이 충돌하는 지점이 된다. 어쩌면 사소하다고 할 수 있는 한 컷의 사건이 시인에게 스스로를 돌아보게 하는 큰 파장으로 다가온다.

"스크린도어 유리창에 비친 나비 한 마리"는 시인 자신의 모습이다. 스크린도어는 내가 나를 객관적으로 바라볼 수 있는 거리와 공간을 제공한다. "오래된 들판을 거쳐 온/ 풀죽은 날개"는 '나비 한 마리'의 현재 모습이다. 이는 "어느 새 관절 마디마디/ 바람 든 무처럼 구멍이 났다/ 빨대처럼 길이 난 집안으로/ 허무란 것들이 꾸역꾸역 모여"(「바람 든 무처럼」)드는 상황과 연결된다. "삶은 늘 구멍투성이"이라는 현실인식의 한 측면과 바람, 구멍, 허무, 노을 등의 하강과 침잠의 정서가

대두된다. 내면으로 깊이 침투해간 시선은 가장 정직하게 자신과 마주하게 된다는 점에서 고통스런 순간이 될 것이다. '오래된', '풀죽은 날개'는 '나비 한 마리'의 아름답고 아프고 찬란했던 일생을 담고 있는 것이 분명하다. 봄, 여름, 가을, 겨울의 삶의 생동과 다양한 이야기적 요소는 아직도 "향긋한 풀냄새"로 스며있다. 홍금자 시인의 '시간'이 남다른 색채를 담고 있는 것은 자아에 대한 냉철한 인식과 함께 슬픔과 기쁨, 허무와 연민 등 일생의 발자취가 녹아있기 때문이다.

바다는 거칠게 요동치면서도
결코 윗자리 탐내지 않는다
늘 낮은 자리,
동일한 위치에서
모든 것을 품는다

예수의
낮음의 미학처럼

-「낮음의 미학」 전문

'낮음의 미학'은 시인의 긴 시적 여정을 통해 도달하게 되는 자기 성찰적 단계에 해당한다. 즉, 순환적 질서를 통한 강렬한 생명에의 본능과 자기연민, 허무, 회한의 정서를 거치면서 또 다른 성숙의 단계로 이동해가고 있는 것이다. 시인이 걸어온 시간은 정적인 시간이 아니라 보다 고통스럽고 역동적인 자기소진의 시간이라고 할 수 있다. 시인의 많은 저술의 발자취만 보더라도 자신을 끊임없이 벼리고 담금질하는 열정의 순간을 걸어왔다. 시간에 대한 남다른 회한과 자의식의 파장을 감지하게 되는 것도 이러한 과정에서 오는 결과일 것이다. "결코 윗자리를 탐내지 않"고, "늘 낮은 자리"에서 "모든 것을 품"는 '바다'의 풍모는 '시간'의 열병 속에서 건져 올린 일종의 보석이라고 할 수 있다. "거칠게 요동치"는 '바다'의 에너지와 이를 아우르고 다스리는 '낮음의 미학'이야말로 시인의 시적 성숙과 자기승화의 세계를 보여주는 척도가 될 것이다.

날마다 부풀어 오르던
젊은 날의 하늘과
근육질의 질긴 욕망이
한데 어우러져
세상을 잡고 춤추던
수천의 발이 수천의 손이
존재의 사유를 들려주고 있다

이제 하나 남은 시의 가닥
기다림 끝에 안겨오는 꽃송이 하나
반쯤 기울어진 저녁놀 속에서

스스로 숨죽여 피어나고 있다.

—「저녁놀 속에서 마냥 피어나고 있다」 전문

위 인용 시는 홍금자 시인의 삶의 여정과 시적 여정을 압축적으로 그려내고 있다. 1연이 삶의 발자취를 뒷받침하는 '존재의 사유'를 형상화하고 있다면, 2연은 "이제 하나 남은 시의 가닥"에 대한 간절한 심연이 표출되고 있다. "날마다 부풀어 오르던/ 젊은 날의 하늘과/ 근육질의 질긴 욕망"은 젊은 날의 뜨거운 한 시절을 부각시키고 있다. "세상을 잡고 춤추던/ 수천의 발이 수천의 손이" 등에서 알 수 있듯이 '욕망'의 범주는 넓고 역동적이다. 욕망하고, 창조하고, 소모하는 존재의 발자취가 확연히 손에 잡힌다. "젊은 날의 하늘"과 "반쯤 기울어진 저녁놀"은 대립을 이루는 시간개념이다.

즉, 지난 삶의 역동과 현재적 시간에 대한 인식이 하나의 사유 속에 접목되고 있다. 그리고 이러한 발자취는 "이제 하나 남은 시의 가닥"으로 응집되고 있다. 이런 점에서 제목 '저녁놀 속에서 마냥 피어나고 있다'는 큰 상징성을 지닌다고 할 수 있다. 여기에는 시간과 자아, 시라는 세 개의 구도가 '시'를 중심으로 생성되고 있기 때문이다.

홍금자 시인의 시편에 나타난 갈등구조는 '시간'과 시간을 체감하는 자아의 구도에서 생성된다. 시인은 이러한 갈등을 자신만의 목소리로 극복해 가는 행간을 열어두고 있다. 현재적

나의 위치를 내밀하게 탐색하고 조율하면서 자신만의 색채로 '시간'을 설정하고 있는 것이다. 앞서 이미 언급하고 있지만 이러한 과정은 생성의 원리와 낮음의 미학을 통해 구체화된다. 그리고 이는 곧 '시간'과의 화해라는 의미로 결집해볼 수 있다. '시간'과의 화해는 자신과의 화해이다. 시인의 경우 이러한 화해의 몸짓은 '꽃송이 하나'의 열정 즉, 詩作과 긴밀히 연결되고 있다.

이른바 詩作 여정이 곧 갈등을 야기하는 원천이면서 한편으로 화해를 이끄는 가장 절실한 매개가 되고 있는 것이다. 홍금자 시인에게 시의 길은 삶의 길과 분리되지 않은 채 하나의 방향성을 고수하고 있다. 따라서 그 사유의 형식이나 상상력의 진폭도 보다 강렬한 색채로 각인된다. 시간의 흐름을 소멸이 아니라 생성의 언어로 수용하고 변용시키는 과정도 여기에 있다. 시인의 시적 서정은 다른 색이 덧칠되지 않은 선명한 원초적 빛깔을 담고 있다. 이러한 서정의 풍경은 시인이 '꽃송이 하나'의 생성을 뜨겁게 추구하고 있는 한 앞으로도 지속되리라 생각된다.

홍금자 시집
외줄 타는 어름사니

인쇄 2018년 6월 25일
발행 2018년 7월 01일

지은이 홍금자
발행인 서정환
펴낸곳 신아출판사
주소 전북 전주시 완산구 공북 1길 16(태평동 251-30)
전화 (063) 275-4000 · 0484 · 6374
팩스 (063) 274-3131
이메일 sina321@hanmail.net
출판등록 제465-1984-000004호
인쇄 · 제본 신아출판사

ISBN 979-11-5605-535-8 03810

값 11,000원

이 도서의 국립중앙도서관 출판시도서목록(CIP)은 서지정보유통지원시스템 홈페이지 (http://seoji.nl.go.kr)와 국가자료공동목록시스템(http://www.nl.go.kr/kolisnet)에서 이용하실 수 있습니다.(CIP제어번호: CIP:2018019397)

Printed in KOREA